目 录
CONTENTS

工会工作知识题库系列丛书

工会组织工作知识题库

学习强会 编

中国工人出版社

图书在版编目（CIP）数据

工会组织工作知识题库 / 学习强会编 . —
北京：中国工人出版社，2023.6

ISBN 978-7-5008-8192-6

Ⅰ . ①工…　Ⅱ . ①学…　Ⅲ . ①工会工作 – 组织工作 – 中国 – 干部培训 – 习题集　Ⅳ . ① D412.61–44

中国国家版本馆 CIP 数据核字（2023）第 098562 号

工会组织工作知识题库

出 版 人	董　宽
责任编辑	张姗姗
责任校对	张　彦
责任印制	栾征宇
出版发行	中国工人出版社
地　　址	北京市东城区鼓楼外大街45号　邮编：100120
网　　址	http://www.wp-china.com
电　　话	（010）62005043（总编室） （010）62005039（印制管理中心） （010）62382916（工会与劳动关系分社）
发行热线	（010）82029051　62383056
经　　销	各地书店
印　　刷	北京市密东印刷有限公司
开　　本	787毫米 × 1092毫米　1/32
印　　张	3.375
字　　数	50千字
版　　次	2023年7月第1版　2023年7月第1次印刷
定　　价	16.00元

单项选择题

扫码闯关答题

1. 中国工会是中国共产党领导的职工自愿结合的工人阶级群众组织，是党联系职工群众的（　），是国家政权的重要社会支柱，是会员和职工利益的代表。

A. 桥梁和纽带　　B. 桥梁和臂膀

C. 臂膀和纽带　　D. 纽带和臂膀

2. （　）是建立一个完善的管理组织系统必须遵循的基本原则。

A. 经济原则　　B. 财政原则

C. 政治原则　　D. 组织原则

3. 依照（　）来确定工会组织原则，是工会组织工作的重要内容。

A. 工会组织的数量　　B. 工会组织的会员

C. 工会组织的宗旨　　D. 工会组织的分布

4. 第一次全国劳动大会通过的《全国总工会组织原则案》，提出（　）的工会组织原则。

A. “产业组合”　　B. “工业组合”

C. “工农组合”　　D. “工青妇组合”

5. （　）是组织的基本规范，只有健全完善组织制度才能保证工会组织原则的落实。

A. 文化制度　　B. 经济制度

C. 组织制度　　D. 企业制度

6. （　）通过的中国工会第一部章程《中华全国总工会总章》，以第二章“组织”、第三章“公约”共计15条规定，把组织原则具体化为组织制度。

A. 第一次全国劳动大会　　B. 第二次全国劳动大会

C. 第三次全国劳动大会　　D. 第四次全国劳动大会

7. （　）是中国工会组织的规章性文件和处理中国工会内部事务的基本准则。

A. 工会章程　　B. 工会文件

C. 工会法律　　D. 工会制度

8. 向（　）提交修改章程的议案，是工会组织工作的重要内容。

A. 中国工会委员会

B. 中国工会代表大会（劳动大会）

C. 中国工会常委会

D. 中国工会职代会

9. 检验工会组织工作发挥保证作用的基本点，就是要看把工人阶级即广大职工群众（　）到工会中来的程度，把能不能承担团结带领广大职工群众听党话、跟党走作为衡量的政治标准。

A. 组织　　B. 吸引　　C. 教育　　D. 指导

10. 把更多的职工群众吸收到工会组织中来，发挥工会组织（　）职能，使工会组织真正成为建设、巩固、实现宏伟目标的重要力量，这是工会组织工作的根本出发点。

A. 保护、建设、参与和教育

B. 维护、建设、参与和教育

C. 建设、参与、组织和教育

D. 维护、组织、参与和教育

11. 政治路线确定之后，（ ）就是决定的因素。

A. 干部　B. 群众　C. 职工　D. 企业

12. 群团干部队伍是党的干部队伍的重要组成部分，是做好党的群团工作的重要（ ）。

A. 政治保证　B. 组织保证

C. 经济保证　D. 文化保证

13. 工会组织工作通过（ ）党委配备工会领导班子，做好工会干部选育管用各项工作，建设高素质专业化的工会干部队伍。

A. 协助　B. 帮助　C. 配合　D. 指导

14.《中国工会章程》规定，工会各级代表大会的代表和委员会由（ ）产生。

A. 组织推荐　B. 民主选举

C. 职工选举　D. 集中推荐

15. 中国工会全国代表大会每（　）举行一次。

A. 两年　B. 三年　C. 四年　D. 五年

16. 中国工会全国代表大会由（　）召集，选举产生新一届中华全国总工会执行委员会和经费审查委员会。

A. 中华全国总工会执行委员会

B. 各级地方总工会委员会

C. 基层工会委员会

D. 大会主席团

17. 省、自治区、直辖市，设区的市和自治州，县(旗)、自治县、不设区的市的工会代表大会，由（　）召集，每五年举行一次。

A. 同级总工会委员会　B. 上级总工会委员会

C. 基层工会委员会　D. 经费审查委员会

18. 各级地方工会召开代表大会选举新一届工会委员会和经费审查委员会，这一换届过程中的组织人事工作一般由地方总工会（　）具体负责。

A. 政策研究部门　　B. 宣传教育部门

C. 组织人事部门　　D. 基层管理部门

19. 地方工会代表大会闭会期间，地方总工会委员会和经费审查委员会届中调整的组织人事工作，一般由地方总工会组织人事部门具体负责，主要任务是做好委员的（　）等。

A. 替补、增补　　B. 教育、培训

C. 管理、晋升　　D. 教育、管理

20. 按照党中央有关规定，工会党组及其组织人事部门按照干部管理权限履行干部（　）职责，以地方党委为主、上级工会党组协助的方式，对下一级工会领导班子和领导干部进行管理。

A. 多方管理　　B. 双重管理

C. 独立管理　　D. 上下管理

21. 按照（　）的原则，做好干部的选任、调任、转任、选拔、管理工作。

A. 公开、公平、竞争、择优

B. 公开、公正、公平、择优

C. 公开、公正、竞赛、选择

D. 公开、公平、竞赛、选择

22. 加强工会干部院校建设、师资队伍建设和教材体系建设，不断提高教育培训工作的水平，并采取多种建校方式、多种办学方式，特别是发挥（　）的功能，确保广大工会干部都能得到及时有效的培训。

A. 现场教学　　B. 网络教育

C. 实地教育　　D. 联合教育

23. 党的十九大把习近平新时代中国特色社会主义思想确立为党必须长期坚持的指导思想并庄严地写入（　）。

A. 宪法　　B. 法律法规

C. 政府工作报告　　D. 党章

24. 第十三届全国人民代表大会第一次会议通过的宪法修正案，郑重地把习近平新时代中国特色社会主义思想载入（　）。

A. 宪法　　B. 法律法规
C. 政府工作报告　　D. 党章

25. （　），习近平总书记在全国组织工作会议上提出新时代党的组织路线。

A. 2016 年 7 月　　B. 2017 年 7 月
C. 2018 年 7 月　　D. 2019 年 7 月

26. 2020 年 6 月，在第十九届中央政治局第二十一次集体学习时，习近平总书记就贯彻落实新时代党的组织路线进一步提出了（　）的基本要求。

A. “三个抓好”　　B. “四个抓好”
C. “五个抓好”　　D. “六个抓好”

27. （　），习近平总书记在党的十九大报告中提出“建设高素质专业化干部队伍”。

A. 2016 年 9 月　　B. 2016 年 10 月
C. 2017 年 9 月　　D. 2017 年 10 月

28. 习近平总书记在全国组织工作会议上的重要讲话中，首先提出并回答了（　）三个问题。

A. 怎样是好干部、怎样成长为好干部、怎样把好干部用起来

B. 怎样选干部、怎样用干部、怎样管干部

C. 怎样用干部、怎样评干部、怎样管干部

D. 怎样选拔干部、怎样培养干部、怎样用好干部

29. （　），习近平总书记提出要“把提高治理能力作为新时代干部队伍建设的重大任务”。

A. 党的十九届一中全会上

B. 党的十九届二中全会上

C. 党的十九届三中全会上

D. 党的十九届四中全会上

30. （　），习近平总书记在首次出席中央党校（国家行政学院）中青年干部培训班开班式时指出，广大干部特别是年轻干部要在常学常新中加强理论修养，在真学真信中坚定理想信念，在学思践悟中牢记初心使命，在细照笃行中不断修炼自我，在知行合一中主动担当作为。

A. 2018 年 3 月　　B. 2019 年 3 月

C. 2020 年 3 月　　D. 2021 年 3 月

31. 2020 年 10 月，在中央党校（国家行政学院）中青年干部培训班开班式上，习近平总书记从提高解决实际问题能力出发，对年轻干部提出了（　）要求。

A. “五种能力”　　B. “六种能力”

C. “七种能力”　　D. “八种能力”

32.（　），在中央党校（国家行政学院）中青年干部培训班开班式上，习近平总书记对年轻干部提出了 48 个字的要求，即“信念坚定、对党忠诚，注重实际、实事求是，勇于担当、善于作为，坚持原则、敢于斗争，严守规矩、不逾底线，勤学苦练、增强本领”。

A. 2019 年 9 月　　B. 2020 年 9 月

C. 2021 年 9 月　　D. 2022 年 9 月

33. 中国工会十七大报告用（　）对习近平总书记关于

工人阶级和工会工作的重要论述的基本内涵进行了概括。

A. “六个坚持”　　B. “七个坚持”

C. “八个坚持”　　D. “九个坚持”

34. 习近平总书记指出，保持和增强群团组织的群众性，必须大力健全组织特别是（　）。

A. 基层组织　　B. 地方组织

C. 特色组织　　D. 上级组织

35. 要顺应时代要求、适应社会变化，善于创造科学有效的工作方法，让职工群众真正感受到工会是职工之家，工会干部是最可信赖的（　）。

A. “自家人”　　B. “娘家人”

C. “亲家人”　　D. “自己人”

36. 在群团组织的常委、委员、代表以及内部工作部门人员的安排上，要明显提高（　）人员比例，合理确定领导干部、企业家、知名人士等的比例。

A. 基层一线　　B. 企业一线

C. 青年妇女　　D. 军转退役

37. 我们的工会肩负着引领（　）跟党走、使之成为党最坚实最可靠的阶级基础的使命，决不能成为西方那种“独立工会”。

A. 农民阶级　　B. 工人阶级

C. 青年团体　　D. 妇女组织

38. 群团干部特别是（　）要深入基层、深入群众，争当全心全意为人民服务宗旨的忠实践行者、党的群众路线的坚定执行者、党的群众工作的行家里手。

A. 妇女组织干部　　B. 青年团体干部

C. 领导机关干部　　D. 企业工会干部

39. 群团干部和骨干应该在战斗中成长，（　）就是群团组织必须抓好的一个很重要的战场。

A. 网上舆论斗争　　B. 实践斗争

C. 信访斗争　　D. 企业内部斗争

40. 各级党委要加强和改进党对工会工作的领导，研究解决工会工作中的重大问题，推动建设一支（　）

的工会干部队伍，支持工会依法依章程创造性开展工作。

A. 创新性专业化　　B. 高素质专业化

C. 高素质创新性　　D. 高素质能战斗

41. 习近平总书记多次就工会自觉接受党的领导作出重要指示、提出明确要求，强调工会工作是党的群团工作、群众工作的重要组成部分，是党治国理政的一项（　）工作。

A. 经常性、基础性　　B. 常态化、基础性

C. 经常性、常态化　　D. 必要性、经常性

42. 在中央党的群团工作会议上，习近平总书记鲜明提出保持和增强群团工作和群团组织（　）的要求。

A. 思想性、前进性、群体性

B. 政治性、先进性、群众性

C. 创新性、先进性、群众性

D. 政治性、创新性、群众性

43. （　）是我们党历史上第一部关于组织工作的统领

性、综合性基础主干法规，是做好新时代党的组织工作、加强党的组织建设的基本遵循。

A.《中国共产党纪律处分条例》

B.《中国共产党廉洁自律准则》

C.《中国共产党问责条例》

D.《中国共产党组织工作条例》

44.《中国共产党组织工作条例》明确规定，“组织工作实行党中央集中统一领导，各级党委（党组）分级分类领导，组织部门专门负责，有关方面各司其职、密切配合的（　）”。

A. 领导体制　　B. 组织制度

C. 工作规则　　D. 原则体系

45. 要强化政治机关意识，带头发扬党的光荣传统和优良作风，努力建设（　）的模范组织部门，做“政治上绝对可靠、对党绝对忠诚”的工会组织干部。

A. 讲政治、重公正、业务精、素质高

B. 讲政治、重公道、创新强、业务好

C. 讲政治、重公道、业务精、作风好

D. 讲政治、重公正、业务精、作风好

46. 面对新挑战，工会组织工作要按照（　）的思路，积极引导组织新就业形态劳动者加入工会组织中。

A. 重点建、企业建、基层建

B. 重点建、行业建、兜底建

C. 重点建、产业建、基层建

D. 局部建、行业建、兜底建

47. 面对新任务，工会组织工作要坚持以（　）为重点，按照章程规定建立健全各级各类工会组织。

A. 工会组织体系建设　　B. 工会组织创新建设

C. 工会组织管理改革　　D. 工会组织创新改革

48. 面对新机遇，工会组织工作要聚焦建设（　）的高素质专业化工会干部队伍。

A. 忠诚干净担当　　B. 忠诚勇敢担当

C. 勇敢干净担当　　D. 勇敢干净创新

49. （　），中共中央、国务院印发《新时期产业工人队伍建设改革方案》。

A. 2016 年 4 月　　B. 2017 年 4 月

C. 2018 年 4 月　　D. 2019 年 4 月

50. （　），中共中央印发《关于加强和改进党的群团工作的意见》，深刻阐述了新形势下加强和改进党的群团工作的重要性和紧迫性。

A. 2015 年 1 月　　B. 2016 年 1 月

C. 2017 年 1 月　　D. 2018 年 1 月

51. （　），中央党的群团工作会议在北京召开，由党中央召开党的群团工作会议，在党的历史上还是第一次。

A. 2015 年 7 月　　B. 2016 年 7 月

C. 2017 年 7 月　　D. 2018 年 7 月

52. 2015 年 11 月 9 日，中央全面深化改革领导小组（　）审议通过《全国总工会改革试点方案》。

A. 第十六次会议　　B. 第十七次会议

C. 第十八次会议　　D. 第十九次会议

53. （　），习近平总书记主持召开中央全面深化改革领导小组第三十二次会议，审议通过全国总工会改革试点工作总结报告。

A. 2015 年 2 月 6 日　　B. 2016 年 2 月 6 日

C. 2017 年 2 月 6 日　　D. 2018 年 2 月 6 日

54. 习近平总书记在中央全面深化改革领导小组第三十二次会议上强调，已经开展试点的群团和地方要继续在（　）上下功夫，巩固改革成果。

A. 建机制、强功能、增实效

B. 建制度、强思维、增实效

C. 建机制、强思维、增业绩

D. 建制度、强功能、增业绩

55. 2018 年 9 月，全国总工会制定《深化工会改革创新实施方案》，提出了（　）深化改革创新措施，推动工会改革不断向纵深发展。

A. 6 个方面 30 项　　B. 7 个方面 30 项

C. 8 个方面 35 项　　D. 9 个方面 35 项

56. 自2022年9月至2023年9月，工会系统集中开展（　）专项工作。

A. “县级工会加强年”

B. “地方工会加强年”

C. “市级工会加强年”

D. “省级工会加强年”

57. （　）是组织工作的生命线，是组织工作最鲜明的“政治基因”。

A. 讲传统　　B. 讲政治

C. 讲经济　　D. 讲文化

58. （　），是指工会在建立组织、确定组织领导体制、建立组织制度等方面应当遵守的基本准则。

A. 工会组织原则　　B. 工会管理原则

C. 工会人事原则　　D. 工会审计原则

59. 工会组织原则，是工会组织的性质、特点和工会组织坚持的（　）在工会组织建设上的具体要求和集中体现。

A. 政治路线、创新路线、先进路线

B. 政治路线、组织路线、群众路线

C. 政治路线、先进路线、群众路线

D. 政治路线、群众路线、创新路线

60.《中国工会章程》第十一条明确规定："全国建立统一的中华全国总工会。中华全国总工会是各级地方总工会和各产业工会全国组织的（　）。"

A. 领导机关　　B. 办事机关

C. 管理机关　　D. 指导机关

61. 为了大力开展工人运动，1921 年 8 月，中国共产党在上海成立了第一个公开领导职工运动的总机关——（　）。

A. 中央职工运动委员会　　B. 中国劳动组合书记部

C. 中华全国总工会　　D. 工人运动委员会

62. 1922 年 5 月，第一次全国劳动大会在（　）召开，这是中国工人阶级第一次全国性的盛会。

A. 北京　　B. 上海　　C. 广州　　D. 长沙

63. 中华全国总工会成立于（　）年，是全国工人阶级在中国共产党的领导下，实现了全国工会在政治上与组织上的团结与统一的标志。

A. 1924　　B. 1925　　C. 1926　　D. 1927

64. 1948 年 8 月，（　）召开，中华全国总工会恢复，原国民党统治区的中国劳动协会作为团体会员加入中华全国总工会，重新实现了全国工人运动和工会组织的团结统一。

A. 第三次全国劳动大会　　B. 第四次全国劳动大会

C. 第五次全国劳动大会　　D. 第六次全国劳动大会

65. 《中共中央关于加强和改善党对工会、共青团、妇联工作领导的通知》规定："工会、共青团、妇联受同级党委和它们上级组织的（　），以同级党委领导为主。"

A. 多重领导　　B. 双重领导

C. 内外管理　　D. 多方管理

66. 民主集中制是（　）在 1906 年 5 月《关于俄国社

会民主工党统一代表大会的报告》中提出来的。

A. 列宁　　B. 马克思

C. 恩格斯　　D. 斯大林

67. 民主集中制成为中国工会的基本组织原则，是（　）同志在1926年提出来的。

A. 毛泽东　　B. 刘少奇

C. 朱德　　D. 周恩来

68. 工会的最高领导机关，是工会的（　）和它所产生的中华全国总工会执行委员会。工会的地方各级领导机关，是工会的地方各级代表大会和它所产生的总工会委员会。

A. 全国代表大会　　B. 职工代表大会

C. 基层代表大会　　D. 人民代表大会

69. 工会各级委员会，向同级会员大会或者会员代表大会负责并报告工作，接受会员监督。会员大会和会员代表大会有权（　）其所选举的代表和工会委员会组成人员。

A. 推荐或者取消　　B. 撤换或者罢免

C. 取消或者撤换　　D. 移除或者罢免

70. 工会各级委员会，实行（　）相结合的制度。凡属重大问题由委员会民主讨论，作出决定，委员会成员根据集体的决定和分工，履行自己的职责。

A. 分工领导和集体负责

B. 主要领导和分工负责

C. 主要领导和个人负责

D. 集体领导和分工负责

71. 工会的各级领导机关和领导成员必须按照（　）进行选举，并切实接受选举单位会员群众的监督，充分体现选举人的意志。

A. 民主程序　　B. 领导推荐

C. 职工程序　　D. 群众推荐

72. 贯彻民主集中制原则，必须重视和发挥工会组织的（　）领导作用。

A. 宣传　　B. 系统　　C. 管理　　D. 群团

73. （　）的组织领导原则，集中体现了中国特色社会主义工会组织结构的特点。

A. 产业和地方相结合　　B. 产业和企业相结合

C. 地方和企业相结合　　D. 产业和行业相结合

74. （　）通过的《中国工会章程》，将“中国工会是按照产业原则在民主集中制基础上组织起来的”改为“中国工会是按照产业和地区相结合的原则在民主集中制基础上组织起来的”。

A. 中国工会第七次全国代表大会

B. 中国工会第八次全国代表大会

C. 中国工会第九次全国代表大会

D. 中国工会第十次全国代表大会

75. 《中国工会章程》第十一条规定：“同一企业、事业单位、机关和其他社会组织中的会员，组织在一个（　）组织中。”

A. 工会基层　　B. 行业工会

C. 地方工会　　D. 产业工会

76. 《工会法》第十一条规定："同一行业或者性质相近的几个行业，可以根据需要建立全国的或者地方的（　）。"

A. 行业工会　　B. 基层工会

C. 产业工会　　D. 地方工会

77. 根据《中国工会章程》第十一条规定，按照行政区划，在省、自治区、直辖市，设区的市和自治州，县（旗）、自治县、不设区的市建立（　）。

A. 地方总工会　　B. 基层总工会

C. 行业总工会　　D. 产业总工会

78. 地方总工会是当地地方工会组织和产业工会地方组织的（　）。

A. 领导机关　　B. 办事机关

C. 管理机关　　D. 指导机关

79. 为了适应乡镇、街道工会工作发展的要求，在各地试点建立乡镇、街道总工会的基础上，《中国工会章程》第二十二条在"县和城市的区可在乡镇和街道建立乡镇工会和街道工会组织”之后，增写了（　）的内容。

A. “具备条件的，建立工会小组”

B. “具备条件的，建立总工会”

C. “具备条件的，建立工会组织”

D. “具备条件的，建立总工会团体”

80. 实行垂直领导的产业工会地方组织的设置，由相关全国产业工会提出意见，报（　）批准。

A. 全国总工会　　B. 上级总工会

C. 地方总工会　　D. 基层总工会

81. 地方产业工会组织（除实行垂直领导的产业工会）的设置由（　）根据本地区实际情况确定。

A. 全国总工会　　B. 同级地方工会

C. 地方总工会　　D. 上级总工会

82. 工会的组织领导体制要与（　）相适应。

A. 行政激励体制　　B. 人事管理体制

C. 行政管理体制　　D. 行政处罚体制

83. 在县以下产业经济发展较好、产业职工较多的地方，按照地域相近、行业相同、管理服务便捷的原则，采取（　）方式，积极推进建立县（区）、乡镇（街道）或工业园区等行业工会联合会建设。

A. 联合制、代表制　　B. 结合体、自由体

C. 联合制、自由制　　D. 结合体、代表制

84. 根据《中国工会章程》规定，工会全国代表大会和地方工会代表大会每（　）召开一次。

A. 两年　　B. 三年　　C. 四年　　D. 五年

85. 基层组织的会员大会或者会员代表大会，至少（　）召开一次。

A. 每年　　B. 三年　　C. 四年　　D. 五年

86. 会员大会或会员代表大会选举产生的工会委员会，每届任期（　）。

A. 一至三年　　B. 二至四年

C. 二至五年　　D. 三至五年

87. 工会会员在一百人以下的基层工会应当召开会员大

会。工会会员在（　）以上的基层工会组织，应当召开会员大会或会员代表大会。

A. 一百人　　B. 两百人

C. 三百人　　D. 四百人

88. 县以上地方工会代表大会代表主要由工会工作者、先进模范人物、生产和工作一线的工人代表、知识分子代表、机关工作人员和其他人员组成，其中工会工作者不少于代表总数的（　），要有适当数量的妇女、少数民族代表。

A. 50%　　B. 55%　　C. 60%　　D. 65%

89. 省、自治区、直辖市工会代表大会的代表，一般为（　）人。

A. 200—500　　B. 300—600

C. 400—800　　D. 400—900

90. 设区的市、自治州工会代表大会的代表，一般为（　）人。

A. 200—500　　B. 300—600

C. 400—800　　D. 400—900

91. 县（旗）、自治县、不设区的市和市辖区工会代表大会的代表，一般为（　）人。

A. 100—400　　B. 200—500

C. 300—600　　D. 400—800

92. 代表的选举采取无记名投票方式进行差额选举，地方工会代表大会的代表由各选举单位采用差额选举办法产生，差额率不低于（　）。

A. 10%　　B. 15%　　C. 20%　　D. 25%

93. 基层工会会员代表大会的代表实行（　），是基层工会组织制度的一项重要改革。

A. 票决制　　B. 任期制

C. 常任制　　D. 级任制

94. 基层工会会员代表大会代表在任期内，如因调离原工作单位或退休等原因，不能继续履行会员代表职责时，会员代表资格（　）。

A. 自然免除　　B. 延续一月

C. 延续一年　　D. 延续两年

95. 根据《中国工会章程》规定，工会各级代表大会的代表和工会委员会的委员，必须实行（　）。

A. 等额选举　　B. 差额选举

C. 民主推荐　　D. 内部推荐

96. 各级工会委员会主席、副主席和常务委员，可以实行差额选举，也可以实行（　），具体采取哪种选举方式，由代表大会决定。

A. 等额选举　　B. 民主推荐

C. 内部推荐　　D. 外部推荐

97. 根据《中国工会章程》规定，工会基层委员会、常务委员会和主席、副主席以及工会经费审查委员会的选举结果，报（　）批准。同时，按照干部管理权限，报同级党组织。

A. 全国总工会　　B. 上一级工会

C. 同级工会　　D. 基层工会

98. 联合制、代表制是中华全国总工会于（　）在总结常州市、潍坊市等地建立工会联合会经验的基础上，提出的一项工会组织制度的重大改革。

A. 1988 年　B. 1989 年　C. 1990 年　D. 1991 年

99. （　）正式将联合制、代表制写入《中国工会章程》。

A. 中国工会第十次全国代表大会

B. 中国工会第十一次全国代表大会

C. 中国工会第十二次全国代表大会

D. 中国工会第十三次全国代表大会

100. 具备《民法典》规定的法人条件的，依法取得社会团体法人资格，（　）是本级工会组织的社团法人代表。

A. 工会主席　B. 工会委员

C. 企业董事长　D. 企业总经理

101. 为及时健全工会组织的领导机构，体现领导机构的代表性，更好地贯彻民主集中制原则，1993 年的中国工会十二大正式将（　）写入《中国工会章程》。

A. 增补制　　B. 替补制

C. 推荐制　　D. 罢免制

102. 全国产业工会是在全国总工会领导下的全国一级工会组织，目前有（　）个。其中设在有关单位和部门的有 3 个。

A. 8　　B. 9　　C. 10　　D. 11

103. （　）是工会组织体系中最基本的组织单位，是整个工会的组织基础和工作基础。

A. 地方工会　　B. 基层工会

C. 省级工会　　D. 市级工会

104. 1957 年 12 月召开的（　），将《中华人民共和国工会章程》改名为沿用至今的《中国工会章程》。

A. 中国工会第六次全国代表大会

B. 中国工会第七次全国代表大会

C. 中国工会第八次全国代表大会

D. 中国工会第九次全国代表大会

105. 中华全国总工会执行委员会主席团，由（ ）选举产生。主席团由主席 1 人、副主席若干人、主席团委员若干人组成。

A. 中华全国总工会执行委员会

B. 各级地方总工会委员会

C. 基层工会委员会

D. 职工代表大会

106. 在执行委员会全体会议闭会期间，由（ ）行使执行委员会的职权。

A. 组委会　　B. 主席团

C. 常务委员会　　D. 特殊委员会

107. （ ）修改的《中国工会章程》增加了主席会议的内容。

A. 中国工会第十二次全国代表大会

B. 中国工会第十三次全国代表大会

C. 中国工会第十四次全国代表大会

D. 中国工会第十五次全国代表大会

108. 主席团闭会期间，由主席、副主席组成的主席会议行使主席团职权。主席会议由中华全国总工会主席召集并主持。主席会议一般（　）召开一次。

A. 每月　　B. 每季度

C. 每年　　D. 两年

109. 中华全国总工会执行委员会主席团下设书记处，由执行委员会主席团在主席团成员中推选第一书记一人、书记（　）组成。书记处在主席团领导下，主持中华全国总工会的日常工作。

A. 两人　B. 五人　C. 十人　D. 若干人

110. 根据《中国工会章程》规定，中国工会全国代表大会选举产生中华全国总工会执行委员会的同时，选举（　）。

A. 中华全国总工会经济审查委员会

B. 中华全国总工会经费审查委员会

C. 中华全国总工会宣传教育委员会

D. 中华全国总工会资产管理委员会

111. 中华全国总工会经费审查委员会（　）召开一次会议，有三分之一的委员提议，或者中华全国总工会经费审查委员会常委会认为有必要时，可以临时召开中华全国总工会经费审查委员会全体会议。

A. 每月　　B. 每季度

C. 每年　　D. 两年

112. 中华全国总工会经费审查委员会设（　），由中华全国总工会经费审查委员会全体会议选举主任 1 人、副主任 1 人、常务委员若干人组成。

A. 常务委员会　　B. 执行委员会

C. 大会组委会　　D. 审计委员会

113. 中华全国总工会女职工委员会是中华全国总工会领导下的具有（　）的全国女职工组织。

A. 独立性、自主性　　B. 民主性、代表性

C. 自主性、代表性　　D. 独立性、民主性

114. 中华全国总工会女职工委员会的任期与中华全国

总工会执行委员会任期相同，每届任期（　）。

A. 三年　B. 四年　C. 五年　D. 六年

115. 中华全国总工会女职工委员会是中华全国妇女联合会的（　）。

A. 独立会员　B. 团体会员

C. 集体会员　D. 联盟会员

116. 产业工会全国委员会是在（　）领导下的全国一级工会组织。

A. 中华全国总工会　B. 全国产业总工会

C. 全国行业总工会　D. 全国产行业工会

117. 产业工会全国委员会的建立，可以按照（　）原则组成，也可以由产业工会全国代表大会选举产生。

A. 联合制、自由制　B. 结合体、自由体

C. 联合制、代表制　D. 结合体、代表制

118. 目前，10 个全国产业工会，召开全国代表大会的只有（　）1 个，其余 9 个产业工会全国委员会都

是按照联合制、代表制原则组成的。

A. 中华全国铁路总工会

B. 中国民航工会全国委员会

C. 中国金融工会全国委员会

D. 中国能源化学地质工会

119. 2018 年 3 月，中共中央印发《深化党和国家机构改革方案》，明确为加强中央和国家机关党的建设，将中央直属机关工作委员会和中央国家机关工作委员会的职责整合，组建（　），作为党中央派出机构。

A. 中直和国家机关工作委员会

B. 中央和国家机关工作委员会

C. 中央和国家机关联合委员会

D. 中直和国家机关联合委员会

120. 中华全国总工会机关目前设有（　）个职能部门、7 个驻会全国产业工会和机关党委，另设机关离退休干部局。

A. 11　　B. 12　　C. 13　　D. 14

121. 截至 2022 年 12 月 31 日，全国总工会所属事业单位有（　）个，直属企业 4 个，直属社会组织 2 个。

A. 17　　B. 18　　C. 19　　D. 20

122. 在我国的工会组织结构中，（　）是中华全国总工会和基层工会之间重要的中间环节，承担贯彻落实我国工运方针和全国总工会各项决策部署、指导基层工会开展工作的重要任务。

A. 地方工会　　B. 产业工会

C. 企业工会　　D. 行业工会

123. 地方工会代表大会由同级总工会委员会召集，每（　）举行一次。在特殊情况下，由同级总工会委员会提议，经上一级工会批准，可以提前或延期举行。

A. 三年　　B. 四年　　C. 五年　　D. 六年

124. 各级地方总工会委员会全体会议，（　）至少举行一次，由常务委员会召集。

A. 每年　B. 两年　C. 三年　D. 五年

125. 各级地方总工会委员会任期与地方工会代表大会届期相同，每届任期（　）。

A. 一年　B. 两年　C. 三年　D. 五年

126. 各级地方总工会委员会选举主席 1 人、副主席和常务委员若干人，组成常务委员会。常务委员会会议一般（　）召开一次，由同级总工会委员会主席负责召集。

A. 每月　B. 每季度

C. 每年　D. 两年

127. 根据《中国工会章程》的规定，地方工会代表大会选举产生同级总工会委员会的同时，选举产生（　）。

A. 工会经费审查委员会　B. 工会女职工委员会

C. 工会资产管理委员会　D. 工会宣传教育委员会

128. 地方总工会女职工委员会在（　）领导下开展工

作，并接受上级工会女职工委员会指导，定期向同级工会委员会和上级工会女职工委员会报告工作。

A. 上级工会　　B. 同级工会

C. 省级工会　　D. 其他工会

129. 2018年中国工会十七大通过的《中国工会章程（修正案）》增写了（　）的表述。

A. “从实际出发，建立区域性、行业性工会联合会”

B. “从工作出发，建立地方性、行业性工会联合会”

C. “从实际出发，建立产业性、行业性工会联合会”

D. “从工作出发，建立区域性、产业性工会联合会”

130. 直属机关工会是具有（　）性质的一级工会组织，是同级党委直属机关和政府直属机关工会的上级领导机关。

A. 行业工会　　B. 产业工会

C. 基层工会　　D. 工会联合会

131. 直属机关工会是具有（　）性质的一级工会组织。

A. 产业工会　　B. 地方工会
C. 基层工会　　D. 总工会

132. 中央党的群团工作会议召开后，在全国总工会的示范引领下，各级总工会按照（　）的原则，整合优化工会机关职能和机构设置，增强服务基层和服务职工的能力。

A. 缩减、统一、有效　　B. 精简、统一、效能
C. 精简、整合、有效　　D. 缩减、统一、效能

133. 省、市级地方工会以推动（　）、“双争”活动为抓手，规范基层工会建设，扩大职工之家品牌影响力。

A. “三有”　　B. “四有”
C. “五有”　　D. “六有”

134. 县级工会直接面向基层、联系基层、服务基层，是连接地方工会和基层工会的重要枢纽和关键节点，是工会发挥桥梁纽带作用的（　），是工会抓基层打基础的“一线工作部”。

A. “桥头堡”　　B. “排头兵”

C. “先锋队”　　D. “集团军”

135. 产业工会全国组织的设置，由（　）根据需要确定。

A. 产业工会　　B. 全国总工会

C. 产业主管部门　　D. 工会联合会

136. 产业工会应与对口产业管理部门、行业协会建立（　）制度，参与制定涉及本产业改革发展的法规政策。

A. 互动（联系）会议　　B. 联席（互动）会议

C. 联席（交流）会议　　D. 联席（联系）会议

137. 推动建立健全产业协调劳动关系三方机制，对于涉及产业、行业职工权益实现的普遍性问题、产业劳动关系存在的突出矛盾，通过（　）的办法推动解决问题。

A. 交流、谈判、公诉　　B. 协商、谈判、沟通

C. 协商、协调、沟通　　D. 协商、协调、公诉

138. 《工会法》第十一条规定："用人单位有会员（　）人以上的，应当建立基层工会委员会。"

A. 二十五　　B. 三十

C. 三十五　　D. 四十

139. 根据《中国工会章程》的规定，基层工会委员会由基层工会会员大会或会员代表大会选举产生，每届任期（　），具体任期由会员大会或者会员代表大会决定。

A. 二至四年　　B. 三至五年

C. 三至六年　　D. 三至七年

140. 基层工会委员会的委员，应当在会员或者会员代表充分酝酿协商的基础上选举产生，选举采取差额选举的方式，差额率不低于（　）。

A. 2%　　B. 5%　　C. 10%　　D. 15%

141. 大型企事业单位工会委员会，根据工作需要，经上一级工会批准，可以设立（　），在基层工会委员会闭会期间，领导工会工作，研究决定工会工作中的重大问题。

A. 组委会　　B. 主席团

C. 常务委员会　　D. 执行委员会

142. 常务委员会可以由工会委员会选举产生，也可以由工会会员大会或会员代表大会选举产生，采取无记名投票差额选举方式进行选举，差额率不少于（　）。

A. 5%　　B. 10%　　C. 15%　　D. 20%

143. 基层工会经费审查委员会委员名额一般为（　），设主任1人，可根据工作需要设副主任1至2人，主任、副主任由经费审查委员会选举产生。

A. 2至10人　　B. 3至11人

C. 2至11人　　D. 3至15人

144. 企业工会委员会根据工作需要，设立相关工作机构或专门工作委员会、工作小组。工会专职工作人员一般按不低于企业职工人数的（　）配备，具体人数由上级工会、企业工会与企业行政协商确定。

A. 千分之二　　B. 千分之三

C. 千分之四　　D. 千分之五

145. 工会代表大会代表必须是有选举权的（　），应是工会会员中的优秀分子。

A. 中国工会会员　　B. 广大职工群众

C. 中国工会干部　　D. 全国职工干部

146. 各级地方总工会召开代表大会的代表名额，按照规定确定：设区的市、自治州工会代表大会的代表，一般为（　）人。

A. 100—300　　B. 300—500

C. 200—500　　D. 100—500

147. 省、自治区、直辖市总工会常务委员会人数，一般不超过工会委员会人数的（　），其中主席 1 人，副主席 3—8 人。

A. 三分之一　　B. 四分之一

C. 五分之一　　D. 六分之一

148. 设区的市、自治州总工会常务委员会人数，一般不超过工会委员会人数的（　），其中主席 1 人，副主席 2—6 人。

A. 三分之一　　B. 四分之一

C. 五分之一　　D. 六分之一

149. 经费审查委员会委员中具有审计、财会专业知识的人员一般不少于（　）。

A. 三分之一　　B. 三分之二

C. 四分之一　　D. 五分之二

150. 各级地方总工会经费审查委员会委员人数，应不少于同级工会委员会人数的（　），县级总工会经费审查委员会委员人数应不少于 5 人。

A. 5%　　B. 10%　　C. 20%　　D. 25%

151. 地方工会代表大会，应成立（　），负责代表资格审查工作。

A. 代表资格审查委员会　　B. 代表资格检查委员会

C. 代表资格监督委员会　　D. 代表资格监察委员会

152. 大会主席团是代表大会的组织（　），其成员由地方总工会常务委员会与各代表团协商提出，经大会预备会议表决产生。大会主席团成员必须是本次代表大会的代表。

A. 监督机构　　B. 指导机构

C. 领导机构　　D. 协调机构

153. 地方工会代表大会的代表由各选举单位采用差额选举办法产生，差额比例不少于（　）。

A. 10%　　B. 15%　　C. 20%　　D. 25%

154. 在实际操作中，代表大会的代表、工会委员会委员和常务委员、经费审查委员会委员和常务委员等有关候选人名单，按（　）为序排列。

A. 姓氏笔画　　B. 职务级别

C. 拼音顺序　　D. 提名顺序

155. 工会委员会委员、经费审查委员会委员的届中调整工作一般（　）一次，在地方总工会委员会全体会议上进行。

A. 半年　　B. 每年　　C. 两年　　D. 三年

156. 根据全国总工会组织部印发的《驻会全国产业工会第五届全国委员会和常务委员会组成办法》，驻会全国产业工会第五届全国委员会人数上限不超过（　）名，常务委员会人数上限不超过60名。

A. 230　　B. 250　　C. 330　　D. 350

157. 工会干部既要符合党中央对（　）的总体要求，也要符合党中央和广大职工群众对工会干部的特殊要求。

A. “高水平专业化干部”

B. “高素质专业化干部”

C. “高素质业务化干部”

D. “高水平业务化干部”

158. 新修订的《党政领导干部选拔任用工作条例》，共十二章六十九条，从（　）五个环节，构成了干部选拔任用工作的基本流程。

A. “分析研判和动议”到“任职”

B. “分析研判和动议”到“监督”

C. “民主推荐”到“任职”

D. “提名和民主协商”到“监督”

159. 注重从（　）选拔机关干部，是加强工会领导班子和干部队伍建设的一项重要任务，是从干部结构上保证工会机关与职工群众血肉联系的战略举措。

A. 地方和基层一线　　B. 基层和生产一线

C. 地方和企业一线　　D. 企业和生产一线

160. 群团干部要由（　）的人来当，要有做群众工作的本领和经验，懂得群众的语言和习惯，熟悉群众的愿望和心声，善于运用新形势下群众工作方式方法。

A. 知群众、懂群众、爱群众

B. 想群众、知群众、爱群众

C. 爱群众、懂群众、明群众

D. 明群众、想群众、爱群众

161.（　），全国总工会办公厅印发《关于集中开展全国工会系统机关干部赴基层蹲点活动工作方案》，部署开展工会系统机关干部赴基层蹲点活动。

A. 2021 年 4 月底　　B. 2022 年 4 月底

C. 2021 年 5 月底　　D. 2022 年 5 月底

162. 工会干部协管工作是党管干部原则的重要体现，是干部双重管理与干部分类管理原则有机结合的重要形式，也是工会落实（　）体制的重要内容。

A. 多重组织领导　　B. 双重组织领导

C. 协作组织领导　　D. 对方组织领导

163. 2015 年 1 月，中共中央印发《关于加强和改进党的群团工作的意见》，强调加强党委对群团工作的组织领导，提出“群团组织实行（　）、以同级党委领导为主的体制，工会、共青团、妇联受同级党委和各自上级组织双重领导”。

A. 分级管理　　B. 分类管理

C. 分级指导　　D. 分类指导

164. 对重点协管职务拟任人选和工会领导班子换届人选的考察，根据工作需要，由主管单位会同（　）共同组织考察组进行。

A. 企业工会　　B. 行业工会

C. 上级工会　　D. 同级工会

165. 对一般协管职务拟任人选的考察，原则上由（　）单独进行。

A. 上级单位　　B. 主管单位

C. 协管单位　　D. 企业单位

166. 工会干部协管的实践证明，坚持主管单位和协管单位对领导班子和领导干部（　）制度，是做好工会干部协管工作的重要环节。

A. 联合考察　　B. 相互考察

C. 交差考察　　D. 协同考察

167. 上级工会收到主管单位关于干部任免事项的沟通意见后，一般应当在（　）个工作日内答复，特殊情况最长不超过 1 个月，超过 1 个月未答复的，视为同意。

A. 5　　B. 10　　C. 15　　D. 20

168. 下级工会根据主管单位对领导班子和领导干部的调整意见，按照《中国工会章程》的有关规定，在（　）个月内履行民主程序。

A. 3　　B. 5　　C. 6　　D. 10

169. 工会干部的（　）是工会组织工作的重要环节，对培养优秀的工会干部、建设优良的工会干部队伍、更好地服务职工群众有着重要意义。

A. 管理监督　　B. 财务监督

C. 宣传能力　　D. 执行能力

170. 深化选人用人监督是干部监督的重要内容。要进一步突出选人用人过程、质量和导向监督，严格落实（　）程序。

A. “凡提四查”　　B. “凡提四必”

C. “凡提四听”　　D. “凡提四核”

171. 制度建设具有根本性、全局性、稳定性、长期性。

严格干部管理，首先要建立健全相关制度，坚持用制度（　）。

A. 管权管事管人　　B. 管人管物管事

C. 管钱管事管人　　D. 管权管钱管物

172. 用好（　）等监督方式，推动干部中的一些苗头性、倾向性问题得到及时纠正和解决。

A. 提醒、咨询、训诫　　B. 交流、举报、诫勉

C. 提醒、函询、诫勉　　D. 提醒、举报、诫勉

173. 坚持严管和厚爱结合、激励和约束并重，加强对干部履职情况的跟踪了解，及时把（　）的干部识别出来、发现出来、使用起来

A. 敢担当、善作为　　B. 敢创新、善建议

C. 敢担当、善创新　　D. 敢建议、善表达

174. （　）是干部教育培训的第一属性。

A. 政治性　　B. 群众性

C. 有效性　　D. 时代性

175. 做好新时代干部教育培训工作，归根到底取决于

能不能坚持和加强（　）。

A. 党的全面指导　　B. 党的全面领导

C. 政府的全面领导　　D. 政府的全面指导

176. （　），全国干部教育培训工作会议要求着力增强干部教育培训的时代性、针对性、有效性。

A. 2016 年 11 月　　B. 2017 年 11 月

C. 2018 年 11 月　　D. 2019 年 11 月

177. 工会干部教育培训要深刻把握高素质专业化干部队伍首先是高素质，高素质第一位的是（　）要高。

A. 政治素质　　B. 文化素质

C. 思想素质　　D. 管理素质

178. 习近平总书记强调，群团事业是党的事业的重要组成部分，要切实保持和增强群团工作的（　），这是群团组织的灵魂，是第一位的。

A. 政治性　　B. 先进性

C. 群众性　　D. 时代性

179. 工会干部教育培训工作要认真贯彻落实习近平

总书记对群团工作的要求，根据中央党的群团工作会议精神，紧紧围绕保持和增强工会工作和工会组织的（　），完善培训内容体系。

A. 政治性、先进性、时代性

B. 政治性、先进性、群众性

C. 时代性、先进性、群众性

D. 时代性、进步性、群众性

180.《干部教育培训工作条例》规定：“干部教育培训的对象是全体干部，重点是（　）以上党政领导干部和优秀中青年干部。”

A. 县处级　　B. 市处级

C. 省处级　　D. 部委级

181. 在轮训主要培训对象的基础上，各级工会可以结合实际，采取（　）等形式，进一步向下延伸培训对象、扩大培训范围。

A. 专业班、专题班　　B. 示范班、专题班

C. 典型班、专业班　　D. 通识班、专题班

182. 全国总工会在“学习强会”平台上推出基层工会实务知识，增强培训的针对性、实效性和普及性，切实解决好业务学习（　）问题。

A. “最后一公里”　　B. “最后两公里”

C. “最后三公里”　　D. “最后四公里”

183. 中共中央组织部印发的《公务员培训规定》要求推进（　）培训，领导机关公务员要强化政策制定、调查研究等能力培训。

A. 分层分类　　B. 分级分层

C. 分类分级　　D. 分人分室

184. 习近平总书记在中央党的群团工作会议上指出，在工会等群团组织中要适当增加（　）干部比例，增强群团组织广泛性、代表性。

A. 兼职　　B. 专职　　C. 挂职　　D. 全职

185. 全国总工会于2012年10月启动全国工会干部院校示范校评估工作，建立（　）工会干部院校评估制度。

A. 三年一次　　B. 四年一次

C. 五年一次　　D. 六年一次

186. 要树立（　），把工会干部网上培训工作积极融入"智慧工会"建设，运用现代信息技术推动互联网与工会干部教育培训融合发展，提高工会干部教育培训教学和管理信息化水平。

A. 互联网思维　　B. 全球化思维

C. 全方位思维　　D. 跨区域思维

187. 工会干部教育培训实行全国总工会党组、书记处统一领导，全国总工会和各级地方工会、产业工会以及基层工会（　）的教育培训体制。

A. 独立管理　　B. 分级管理

C. 分层管理　　D. 分类管理

188. 通过制定五年规划和年度计划加强对全国工会干部教育培训工作的（　），是推进工会干部教育培训工作的重要方式。

A. 监督、指导、协调、组织

B. 指导、规划、监督、组织

C. 指导、规划、组织、协调

D. 监督、规划、协调、组织

189. （ ），全国总工会颁布了《干部训练工作七年规划》。

A. 1955 年初　　B. 1956 年初

C. 1957 年初　　D. 1958 年初

190. 1983 年 10 月，（ ）要求建立健全工会干部培训制度，推动工会干部教育培训规范化制度化建设取得重大进展。

A. 中国工会九大　　B. 中国工会十大

C. 中国工会十一大　　D. 中国工会十二大

191. 建立干部教育培训工作（ ）机制是推进干部教育培训工作科学化、制度化、规范化的重要途径。

A. 考评考核　　B. 监督考核

C. 考试考评　　D. 考试注册

192. 干部参加脱产培训情况应当记入干部年度考核表，

参加（　）以上的脱产培训情况应当记入干部任免审批表。

A. 1 个月　　B. 2 个月

C. 3 个月　　D. 4 个月

193. 全国产业工会、各级地方产业工会、乡镇工会和城市街道工会的委员会，可以按照联合制、代表制原则，由（　）和适当比例的有关方面代表组成。

A. 会员代表

B. 下一级工会组织民主选举的主要负责人

C. 职工代表

D. 各级工会负责人

194. 下列不属于工会地方各级代表大会职权的是（　）。

A. 审议和批准同级总工会委员会的工作报告

B. 审议和批准同级总工会委员会的经费收支情况报告和经费审查委员会的工作报告

C. 选举同级女职工委员会

D. 选举同级总工会委员会和经费审查委员会

195. 民主选举的方式不包括（　）。

A. 差额选举　　B. 等额选举

C. 间接选举　　D. 内部选举

196. 地方总工会是当地地方工会组织和（　）的领导机关。

A. 地方工会部门　　B. 基层工会组织

C. 工会直属单位　　D. 产业工会地方组织

197. 工会的地方各级代表大会在特殊情况下，由（　）提议，经上一级工会批准，可以提前或延期举行。

A. 同级总工会委员会

B. 工会主要负责人

C. 同级总工会常务委员会

D. 同级工会主席办公会

198. 县和县以上各级工会委员会，在两次代表大会之间，认为有必要时，可以召集（　），讨论和决定需要及时解决的重大问题。

A. 地方工会代表大会　　B. 临时代表大会

C. 会员大会　　D. 代表会议

199. 各级地方总工会常务委员会，在委员会全体会议闭会期间，行使（　）的职权。

A. 代表会议　　B. 委员会

C. 主席办公会　　D. 地方工会代表大会

200. 建立行业工会联合会的重点是在（　）区域。

A. 县（区）及以下　　B. 县（区）及以上

C. 市及市级以下　　D. 市及市级以上

多项选择题

扫码闯关答题

1. 中国工会的四项组织原则是（　）。

A. “全国建立统一的中华全国总工会”

B. “实行同级党组织和上级工会双重领导，以同级党组织领导为主的原则”

C. “民主集中制原则”

D. “产业和地方相结合的组织领导原则”

E. “工青妇相结合的原则”

2. 随着近百年的发展，中国工会逐步形成了（　）等组织制度。

A. 工青妇相结合制度

B. 会员大会或会员代表大会制度

C. 基层工会会员代表大会代表常任制

D. 民主选举制度

E. 联合制代表制

F. 委员替补制

3. 加强基层工会建设“三个着力”是指（　）。

A. 着力扩大覆盖面，增强代表性

B. 着力强化服务意识，提高维权能力

C. 着力加强队伍建设，提升保障水平

D. 着力经费管理建设，提升财务水平

4. 工会组织工作的职责任务主要包括（　）。

A. 健全完善工会组织体系

B. 做好工会换届有关组织人事工作

C. 加强工会领导班子和干部人才队伍建设

D. 推进工会干部教育培训等工作

5. 每届会员代表大会第一次会议召开前，基层工会委员会或工会筹备组应对会员代表进行专门培训，培训内容应包括（　）等。

A. 工会基本知识

B. 会员代表大会的性质和职能

C. 会员代表的权利和义务

D. 大会选举办法

6. 根据机构编制管理部门的有关规定，严格按照编制部门批准的人员编制和领导职数，进行人员配备和管理，逐步建立起（　）的组织体系。

A. 精干效能　　B. 机构健全

C. 结构合理　　D. 权责明确

7. 工会机关和直属单位干部人事工作内容，包括（　）的配备及管理。

A. 机关外设机构

B. 机关内设机构

C. 驻会产业（行业）工会人员

D. 直属单位领导班子

8. 必须把教育培训作为工会干部队伍建设（　）工程常抓不懈。

A. 先导性　　B. 指导性

C. 基础性　　D. 战略性

9. 会员代表的组成应以一线职工为主，体现广泛性和代表性。（　）等会员代表应占一定比例。

A. 女职工　　　　　　B. 青年职工

C. 劳动模范（先进工作者）　　D. 工会干部

10. 党的二十大报告重点阐述“两个结合”，即坚持和发展马克思主义，（　）。

A. 必须同中国具体实际相结合

B. 必须同中华优秀传统文化相结合

C. 必须同社会发展相结合

D. 必须同国际形势相结合

11. 要继续推进实践基础上的理论创新，把握好习近平新时代中国特色社会主义思想的世界观和方法论，坚持好、运用好贯穿其中的立场观点方法，做到“六个坚持”，即（　）。

A. 坚持人民至上　　　　B. 坚持自信自立

C. 坚持守正创新　　　　D. 坚持问题导向

E. 坚持系统观念　　　　F. 坚持胸怀天下

12. 习近平总书记就贯彻落实新时代党的组织路线进一

步提出了“五个抓好”的基本要求，强调要（　）。

A. 抓好坚持和完善党的领导、坚持和发展中国特色社会主义

B. 抓好用党的科学理论武装全党

C. 抓好党的组织体系建设

D. 抓好执政骨干队伍和人才队伍建设

E. 抓好党的组织制度建设

F. 抓好社会经济发展工作

13. “着力培养忠诚干净担当的高素质干部”，关键是要建立（　）的素质培养体系。

A. 源头培养　　B. 跟踪培养

C. 全程培养　　D. 个别培养

14. “着力培养忠诚干净担当的高素质干部”，关键是要建立（　）的知事识人体系。

A. 季度考核　　B. 日常考核

C. 分类考核　　D. 近距离考核

15. “着力培养忠诚干净担当的高素质干部”，关键是

要建立（　）的选拔任用体系。

A. 以德为先　　B. 任人唯贤

C. 人事相宜　　D. 思想活跃

16. “着力培养忠诚干净担当的高素质干部”，关键是要建立（　）的从严管理体系。

A. 管思想　　B. 管工作

C. 管作风　　D. 管纪律

17. “着力培养忠诚干净担当的高素质干部”，关键是要建立（　）的正向激励体系。

A. 奖励第一　　B. 崇尚实干

C. 带动担当　　D. 加油鼓劲

18. 2022 年 10 月，在党的二十大报告中，习近平总书记提出要“建设堪当民族复兴重任的高素质干部队伍”，强调“全面建设社会主义现代化国家，必须有一支（　）的干部队伍”。

A. 政治过硬

B. 适应新时代要求

C. 具备领导现代化建设能力

D. 能发展经济

19. 2019 年 9 月，在新中国成立 70 周年之际，习近平总书记强调广大干部特别是年轻干部要经受严格的（　），发扬斗争精神，增强斗争本领，为实现“两个一百年”奋斗目标、实现中华民族伟大复兴的中国梦而顽强奋斗。

A. 品质考验　　B. 思想淬炼

C. 政治历练　　D. 实践锻炼

20. 2020 年 10 月，习近平总书记从提高解决实际问题能力出发，对年轻干部提出了“七种能力”要求，强调要提高政治能力、（　）。

A. 调查研究能力　　B. 科学决策能力

C. 改革攻坚能力　　D. 应急处突能力

E. 群众工作能力　　F. 抓落实能力

21. 要自觉运用改革精神谋划推进工会工作，创新（　），推动工会工作再上新台阶。

A. 组织体制　　B. 运行机制

C. 活动方式　　D. 工作方法

22. 时刻都要牢记自己是党的干部，做到（　），努力做让党放心、让人民满意的好干部。

A. 信念坚定　　B. 为民服务

C. 勤政务实　　D. 敢于担当

E. 清正廉洁

23. 着眼坚持党的领导，必须更加自觉增强（　）、坚定（　）、做到（　）。

A. “四个意识”　　B. “四个自信”

C. “两个维护”　　D. “五个自信”

24. 在第三产业中，以（　）等为代表的新就业形态劳动者大量涌现，成为我国职工队伍的新生力量。

A. 货车司机　　B. 快递员

C. 网约车司机　　D. 外卖配送员

25. 工会组织工作要坚持问题导向、实践导向、需求导向，打造又博又专、推陈出新的素养结构，提高工会干部（　）。

A. 政治能力　　B. 专业化能力

C. 职工群众工作能力　　D. 改革创新能力

E. 治理能力

26.《新时期产业工人队伍建设改革方案》，围绕（　）等方面，提出 25 项改革举措，为加快建设一支高素质的产业工人队伍明确了“路线图”“时间表”。

A. 加强和改进产业工人队伍思想政治建设

B. 构建产业工人技能形成体系

C. 运用互联网促进产业工人队伍建设

D. 创新产业工人发展制度

E. 强化产业工人队伍建设支撑保障

27. 全面加强自身建设，对工会组工干部赋予新的使命，包括（　）。

A. 坚守对党忠诚的政治品格

B. 坚守公道正派的价值理念

C. 坚守不断充实提高的专业追求

D. 坚守严格严谨的工作作风

E. 坚守自重自警自律的道德操守

28. 贯彻民主集中制原则的具体措施和要求包括（　）。

A. 建立健全民主生活制度

B. 实行集体领导和个人分工负责制

C. 加强工会组织的系统领导

D. 建立健全选举制度

29. 除（　）以及邮政、电信等少数行政管理体制实行垂直管理的产业，其产业工会实行产业工会和地方工会双重领导，以产业工会领导为主外，其他产业工会均实行以地方工会领导为主，同时接受上级产业工会领导的体制。

A. 能化　B. 铁路　C. 民航　D. 金融

30. 工会的民主选举，是工会组织性质的本质体现，是推进工会组织（　）的重要组织制度。

A. 群众化　B. 民主化

C. 法治化　D. 体系化

31. 民主选举的方式分为两类，即（　）。

A. 差额选举和等额选举

B. 直接选举和间接选举

C. 外部推荐和内部选举

D. 差额选举和直接选举

32. 实行工会民主选举制度，要贯彻（　）的原则，加强组织领导，规范选举程序，切实保障会员依法行使民主选举的权利。

A. 公平　　B. 公正

C. 公开　　D. 依法合规

33. 基层工会直接选举工会主席应当把握的环节有（　）。

A. 坚持在同级党组织和上级工会的领导下，有领导、有组织地在一定范围内进行

B. 坚持依法选举、规范程序

C. 认真做好候选人的推荐工作

D. 做好直接选举前的思想发动和组织工作

34.《中国工会章程》第十二条规定：“（　）的委员会，可以按照联合制、代表制原则，由下一级工会组织民主选举的主要负责人和适当比例的有关方面代表组成。”

A. 全国产业工会　　B. 各级地方产业工会

C. 乡镇工会　　D. 城市街道工会

35. 联合制、代表制的基本特点是（　）。

A. 民主　　B. 联合　　C. 代表　　D. 同盟

36. 我国的工会组织，包括（　）等部分。

A. 中华全国总工会

B. 各级地方总工会及其派出机构

C. 基层工会

D. 外派工会

37. 我国的工会组织从层级上分，有（　）。

A. 中华全国总工会

B. 省、自治区、直辖市总工会

C. 设区的市和自治州总工会

D. 县（旗）、自治县和不设区的市总工会

E. 基层工会

38. 全国产业工会是在全国总工会领导下的全国一级工会组织，目前有10个。其中设在有关单位和部门的3个，即（　）。

A. 中国能源化学地质工会

B. 中华全国铁路总工会

C. 中国民航工会全国委员会

D. 中国金融工会全国委员会

39. 中华全国总工会女职工委员会的主要任务是（　）。

A. 维护女职工的合法权益和特殊利益

B. 指导、组织动员女职工为经济发展和社会进步建功立业

C. 代表女职工参政议政，依法开展维权工作

D. 指导、组织开展提高女职工整体素质的活动

E. 加强女职工组织的自身建设

40. 以下（　）独立管理工会经费。

A. 中华全国铁路总工会

B. 中国民航工会全国委员会

C. 中国金融工会全国委员会

D. 中国农林水利全国委员会

41. 《中国工会章程》规定："县和县以上各级地方总工会委员会，根据工作需要可以派出代表机关。""根据工作需要，省、自治区总工会可在地区设派出代表机关。直辖市和设区的市总工会在区一级建立总工会。"这些"代表机关"是指（　）。

A. 工会办事处　　B. 工会工作委员会

C. 工会办公室　　D. 工会委员会

42. "县级工会加强年"专项工作聚焦（　）的"五强"目标。

A. 政治引领强　　B. 组织功能强

C. 服务阵地强　　D. 制度机制强

E. 作用发挥强　　F. 经济发展快

43. 产业工会是由同一行业或性质相近的几个行业职工

组成的工会组织，在（　）中具有重要地位和不可替代的作用。

A. 维护产业职工合法权益 B. 协调产业劳动关系

C. 加强产业职工队伍 D. 促进产业改革发展

44. 基层单位除独立建立基层工会委员会以外，在本单位会员人数较少而工作性质相同单位相对集中的地区，工会委员会还可以有另外（　）组织形式。

A. 基层工会联合委员会 B. 联合基层工会委员会

C. 农民工工会联合会 D. 女职工工会联合会

45. 换届组织人事工作大致可分为（　）阶段进行。

A. 代表大会筹备 B. 代表大会召开

C. 代表大会结束后 D. 代表大会审查

46. 在县以下产业经济发展较好、产业职工较多的地方，按照（　）的原则，采取联合制、代表制方式，积极推进建立县（区）、乡镇（街道）或工业园区等行业工会联合会建设。

A. 地域相近 B. 行业相同

C. 管理服务便捷　　D. 产业相近

47. 代表大会召开期间的组织人事工作，重点是确保（　）等工作顺利完成。

A. 民主酝酿

B. 讨论表决

C. 选举地方总工会委员会委员

D. 选举经费审查委员会委员

48. 工会委员会委员、经费审查委员会委员届中调整的情形包括（　）。

A. 替补　　B. 增补　　C. 免职　　D. 罢免

49. 产业工会委员会委员一般按照（　）的程序产生。

A. 推荐提名　　B. 审批

C. 确认　　D. 监察

50. 坚持（　），是新时代党的组织路线选人用人的基本原则和标准。

A. 好恶分明　　B. 德才兼备

C. 以德为先　　D. 任人唯贤

51. 2013 年 6 月，习近平总书记在全国组织工作会议上，把好干部标准概括为（　）。

A. 信念坚定　　B. 为民服务

C. 勤政务实　　D. 敢于担当

E. 清正廉洁

52. 2015 年 1 月，习近平总书记同中央党校第一期县委书记研修班学员座谈，讲到“四有”，即（　）。

A. 心中有党　　B. 心中有民

C. 心中有责　　D. 心中有戒

E. 心中有数

53. 2015 年 12 月，习近平总书记在全国党校工作会议上强调，实现全面建成小康社会奋斗目标、实现中华民族伟大复兴的中国梦，关键在于培养造就一支具有（　）的干部队伍。

A. 铁一般信仰　　B. 铁一般信念

C. 铁一般纪律　　D. 铁一般担当

54. 突出政治标准选拔干部，用《关于新形势下党内政治生活的若干准则》来衡量，具体应把握（　）。

A. 看政治忠诚，是否坚定拥护“两个确立”、坚决做到“两个维护”、牢固树立“四个意识”

B. 看政治定力，是否坚定“四个自信”

C. 看政治担当，是否坚持原则、敢于斗争

D. 看政治能力，是否善于从政治上观察和处理问题

E. 看政治自律，是否严格遵守党的政治纪律和政治规矩

55. 兼挂职干部人选的确定，要坚持从工会组织性质和特点出发，根据工会工作需要和领导班子建设实际，突出政治标准，注重能力素质，充分考虑（　）等因素，确保把政治素质过硬、职工群众信赖、能够真正发挥作用的人选拔进工会组织中。

A. 广泛性　　B. 代表性

C. 专业性　　D. 学历性

56. 工会领导班子中的兼挂职干部，按照干部管理权

限，由主管单位组织人事部门统筹负责，根据干部双重管理工作有关规定，进行人选的（　）等。

A. 推荐　B. 考察　C. 审批　D. 备案

57. 要充分认识加强干部协管工作的重要意义，切实提高思想认识，强化政治责任，坚持（　），进一步加大协管工作力度，健全完善工作机制，推动干部协管工作取得新成效。

A. 问题导向　B. 实践导向

C. 需求导向　D. 经济导向

58. 根据《党政领导干部选拔任用工作条例》《干部双重管理工作规定（试行）》有关规定和干部管理权限，工会党组协助主管单位管理下一级工会领导班子和领导干部，协管的具体对象是（　）。

A. 具体工作部门部长

B. 下一级工会主席

C. 副主席（含兼挂职）

D. 经费审查委员会主任

59. 根据工作需要和协管职务的职责任务，协管职务分为（　）。

A. 重点协管职务　　B. 一般协管职务

C. 主要协管职务　　D. 次要协管职务

60. 对工会领导班子和领导干部的任免，主管单位采取（　）的方式，以书面形式与上级工会进行沟通。

A. 内部认定　　B. 外部推荐

C. 征得同意　　D. 征求意见

61. 沟通时一般应当提供干部任免审批表、考察材料或者现实表现情况。涉及提拔或者进一步使用的，一般应提供由（　）签字的廉洁自律结论性意见。

A. 党委（党组）书记

B. 纪委书记（纪检监察组组长）

C. 部门领导

D. 干部本人

62. 党的二十大对坚定不移全面从严治党、深入推进新时代党的建设新的伟大工程作出全面部署，要求加强对干部（ ）。

A. 全方位管理　　B. 经常性监督

C. 定期性管理　　D. 阶段性监督

63. 要深入贯彻党的二十大精神，坚决贯彻全面从严治党要求，始终保持严的韧劲、完善严的举措、落实严的责任，做到（ ）。

A. 真管真严　　B. 敢管敢严

C. 长管长严　　D. 时管时严

64. 干部管理监督的内容包括（ ）。

A. 政治监督

B. 履职尽责、担当作为监督

C. 选人用人监督

D. 日常监督

65. 政治监督作为新时代干部监督工作的首要职责，要加强对干部（ ）的监督，严明党的政治纪律和政治规矩。

A. 政治立场　　B. 政治忠诚

C. 政治责任　　　　D. 政治生态

66. 着力营造风清气正的政治生态，督促领导班子和领导干部带头弘扬正气，保持清清爽爽的同志关系、规规矩矩的上下级关系，抵制商品交换原则对党内生活的侵蚀，坚决防止和反对（　）。

A. 宗派主义　　　　B. 圈子文化

C. 码头文化　　　　D. 民主监督

67. “凡提四必”程序是指（　）。

A. 干部档案“凡提必审”

B. 干部个人有关事项报告“凡提必核”

C. 纪检监察组织意见“凡提必听”

D. 线索具体的信访举报“凡提必查”

E. 干部工资“凡提必核”

68. 注重从源头上防范治理，加强监督约束，防止领导干部利用职权或职务影响谋取不正当利益，促进领导干部（　），树立领导干部良好形象。

A. 廉洁从政　　　　B. 廉洁用权

C. 廉洁修身　　D. 廉洁齐家

69. 干部管理监督的方式包括（　）。

A. 加强制度监督

B. 用好提醒、函询、诫勉等监督方式

C. 畅通群众信访举报等监督渠道

D. 推进党内监督和其他监督深度融合

70. 在完善制度的同时，要严格抓好制度执行，（　），确保各项制度落到实处、取得实效。

A. 坚持标准不降低　　B. 落实要求不变通

C. 严格执行不走样　　D. 根据情况随时变

71. 有的放矢开展提醒、函询和诫勉，积极发挥警示教育作用，让干部感受到组织就在身边、监督就在眼前，切实增强（　）意识，防止小毛病演变成大问题。

A. 自重　　B. 自省　　C. 自警　　D. 自律

72. 认真落实干部群众的（　），畅通来信来电、网络举报等渠道，依靠群众开展监督、保障群众参与监督、引导群众有序监督，把监督之网织得更密、扎得更紧。

A. 知情权　　B. 参与权

C. 选择权　　D. 监督权

73. 干部管理监督结果体现在（　）。

A. 推进领导干部能上能下

B. 激励干部担当作为

C. 发挥干部监督效能

D. 强化干部选拔任用责任追究

74. 通过能上能下，推动形成（　）的用人导向和从政环境，不断激发干部队伍的蓬勃生机活力。

A. 能者上　　B. 优者奖

C. 庸者下　　D. 劣者汰

75. 干部教育培训是建设高素质干部队伍的（　）工程，在推进中国特色社会主义伟大事业和党的建设新的伟大工程中具有不可替代的重要作用。

A. 先导性　　B. 基础性

C. 战略性　　D. 前沿性

76. 工会干部教育培训的基本原则是（　）。

A. 坚定政治方向，切实增强政治意识

B. 注重需求导向，树立精准培训理念

C. 突出工会特色，健全完善培训体系

D. 深化改革创新，重在提高培训质量

E. 坚持从严从实，务求教育培训实效

77. 围绕源头培养、跟踪培养、全程培养，积极适应新时代对工会工作和工会干部能力素质提出的新要求，探索构建具有（　）的培训体系。

A. 先进培训理念　　B. 科学内容体系

C. 健全组织架构　　D. 高效运行机制

78. 坚持（　），把从严从实作为检验教育培训成效的重要衡量标准，落实到干部教育培训全过程、各方面。

A. 严以治校　　B. 严以治教

C. 严以治学　　D. 严以治人

79. 工会干部教育培训的工作要求是（　）。

A. 坚持必须旗帜鲜明讲政治的根本要求

B. 坚持先导性基础性战略性的地位作用

C. 坚持时代性针对性有效性的内在要求

D. 坚持高素质专业化干部队伍建设的目标导向

80. 工会干部教育培训是夯实工会干部的（　）的有效途径，只有把适应工会工作新情况、适应干部队伍建设新要求作为干部培训的出发点和落脚点，才能不断增强工会干部适应党和国家事业新发展要求的能力。

A. 信仰之基　　B. 从政之基

C. 廉政之基　　D. 能力之基

81. 除了要把握"站位高"与"落点实"的关系和"抓重点"与"全覆盖"的关系，工会干部教育培训工作还要把握好（　）。

A. "关键少数"与"绝大多数"的关系

B. "重过程"与"求实效"的关系

C. “过程管理”与“目标导向”的关系

D. “主阵地”与“多渠道”的关系

E. “走出去”与“请进来”的关系

F. “理论研究”与“实践创新”的关系

82. 习近平总书记指出，专业素养是（ ）的统一，而不仅仅是专业对口那么简单。这是对党员干部提出的明确要求。

A. 专业知识　　B. 专业能力

C. 专业作风　　D. 专业精神

83. 党的二十大要求，加强实践锻炼、专业训练，注重在重大斗争中磨砺干部，增强干部（ ）。这为新时代干部队伍建设提出了新的要求。

A. 推动高质量发展本领　　B. 服务群众本领

C. 防范化解风险本领　　D. 经济提升本领

84. 2021 年 7 月，全国总工会组织部印发了《关于加强新时代基层工会干部主题培训的通知》，通过（ ）等形式，开展“基层工会参与基层治理”主题培训。

A. 培训试点　　B. 示范引领

C. 送教到基层　　D. 网络培训

85. （　）是开展工会干部教育培训的基础和保障，是提高工会干部教育培训质量和水平的关键要素。

A. 培训机构　　B. 师资

C. 课程　　D. 教材

86. 加强教材建设，要以全国工会干部培训基础教材为依托，逐步建立健全（　）相结合的教材体系，做到特色鲜明、种类齐全。

A. 基本教材　　B. 必读教材

C. 选读教材　　D. 特色教材

E. 补充教材

87. 《干部教育培训工作条例》提出，充分运用现代信息技术，完善网络培训制度，建立（　）的干部网络培训体系。

A. 兼容　　B. 开放　　C. 共享　　D. 规范

88. 用好“学习强国”、中国干部网络学院、“学习强会”等学习平台。严把网络培训的（ ）。

A. 政治关　　B. 质量关

C. 纪律关　　D. 人数关

89. 全国总工会组织部重点履行好全国工会干部教育培训工作的（ ）等职能。

A. 整体规划　　B. 制度建设

C. 宏观指导　　D. 协调服务

E. 督促检查

90. 干部教育培训工作的考评考核包括（ ）。

A. 对培训机构的考评考核

B. 对培训项目的考评考核

C. 对培训课程的考评考核

D. 对培训对象的考评考核

91. 在干部教育培训工作中，对培训机构的考评考核内容包括办学方针、（ ）等。

A. 培训质量　　B. 师资队伍

C. 组织管理　　D. 学风建设

E. 基础设施　经费管理

92. 在干部教育培训工作中，对培训项目的考评考核内容包括（　）等。

A. 培训设计　　B. 培训实施

C. 培训管理　　D. 培训效果

93. 在干部教育培训工作中，对培训课程的考评考核内容包括（　）等。

A. 教学态度　　B. 教学内容

C. 教学方法　　D. 教学效果

94. 在干部教育培训工作中，对培训对象的考评考核内容包括（　）等。

A. 干部的学习态度和表现

B. 理论、知识掌握程度

C. 党性修养和作风养成情况

D. 解决实际问题的能力

95. 各级工会委员会由（　）或（　）民主选举产生。

A. 会员大会　　B. 会员代表大会

C. 职工代表大会　　D. 下级工会

96. 用人单位会员不足二十五人的，可以（　）。

A. 单独建立基层工会委员会

B. 由两个以上单位的会员联合建立基层工会委员会

C. 选举组织员或者工会主席一人，主持基层工会工作

D. 由上级工会指定负责人

97. （　）的建立，必须报上一级工会批准。

A. 基层工会　　B. 地方各级总工会

C. 全国产业工会组织　　D. 地方产业工会组织

98. 女职工委员会由同级工会委员会提名，（　）产生。

A. 在充分协商的基础上

B. 女职工（代表）大会选举

C. 推选

D. 会员代表大会选举

99. （　）必须经会员大会或者会员代表大会通过，并报上一级工会批准。

A. 成立工会组织　　B. 撤销工会组织

C. 变更工会组织名称　　D. 变更工会组织住所地

100. 工会的地方各级代表大会的职权是（　）。

A. 审议和批准同级总工会委员会的工作报告

B. 审议和批准同级总工会委员会的经费收支情况报告和经费审查委员会的工作报告

C. 选举同级总工会委员会和经费审查委员会

D. 选举女职工委员会

参考答案

一、单项选择题

1. A	2. D	3. C	4. A	5. C
6. B	7. A	8. B	9. A	10. B
11. A	12. B	13. A	14. B	15. D
16. A	17. A	18. C	19. A	20. B
21. A	22. B	23. D	24. A	25. C
26. C	27. D	28. A	29. D	30. B
31. C	32. C	33. C	34. A	35. B
36. A	37. B	38. C	39. A	40. B
41. A	42. B	43. D	44. A	45. C
46. B	47. A	48. A	49. B	50. A
51. A	52. C	53. C	54. A	55. B
56. A	57. B	58. A	59. B	60. A
61. B	62. C	63. B	64. D	65. B

66. A	67. B	68. A	69. B	70. D
71. A	72. B	73. A	74. B	75. A
76. C	77. A	78. A	79. B	80. A
81. B	82. C	83. A	84. D	85. A
86. D	87. A	88. B	89. D	90. D
91. A	92. B	93. C	94. A	95. B
96. A	97. B	98. A	99. C	100. A
101. B	102. C	103. B	104. C	105. A
106. B	107. C	108. B	109. D	110. B
111. C	112. A	113. B	114. C	115. B
116. A	117. C	118. A	119. B	120. D
121. B	122. A	123. C	124. A	125. D
126. B	127. A	128. B	129. A	130. B
131. A	132. B	133. D	134. A	135. B
136. D	137. C	138. A	139. B	140. B
141. C	142. B	143. B	144. B	145. A
146. C	147. B	148. A	149. B	150. C
151. A	152. C	153. C	154. A	155. B

156. A	157. B	158. A	159. B	160. A
161. A	162. B	163. A	164. C	165. B
166. A	167. B	168. C	169. A	170. B
171. A	172. C	173. A	174. A	175. B
176. C	177. A	178. A	179. B	180. A
181. B	182. A	183. C	184. A	185. C
186. A	187. B	188. C	189. B	190. B
191. A	192. B	193. B	194. C	195. D
196. D	197. A	198. D	199. B	200. A

二、多项选择题

1. ABCD	2. BCDEF	3. ABC	4. ABCD
5. ABCD	6. ABCD	7. BCD	8. ACD
9. ABC	10. AB	11. ABCDEF	12. ABCDE
13. ABC	14. BCD	15. ABC	16. ABCD
17. BCD	18. ABC	19. BCD	20. ABCDEF
21. ABCD	22. ABCDE	23. ABC	24. ABCD
25. ABCDE	26. ABCDE	27. ABCDE	28. ABC
29. BCD	30. ABC	31. AB	32. ABCD
33. ABCD	34. ABCD	35. ABC	36. ABC
37. ABCDE	38. BCD	39. ABCDE	40. ABC
41. AB	42. ABCDE	43. ABCD	44. AB
45. ABC	46. ABC	47. ABCD	48. ABCD
49. ABC	50. BCD	51. ABCDE	52. ABCD

53. ABCD	54. ABCDE	55. ABC	56. ABCD
57. ABC	58. BCD	59. AB	60. CD
61. AB	62. AB	63. ABC	64. ABCD
65. ABCD	66. ABC	67. ABCD	68. ABCD
69. ABCD	70. ABC	71. ABCD	72. ABCD
73. ABCD	74. ABCD	75. ABC	76. ABCDE
77. ABCD	78. ABC	79. ABCD	80. ABCD
81. ABCDEF	82. ABCD	83. ABC	84. ABCD
85. ABCD	86. ABCDE	87. ABCD	88. ABC
89. ABCDE	90. ABCD	91. ABCDEF	92. ABCD
93. ABCD	94. ABCD	95. AB	96. ABC
97. ABCD	98. AB	99. AB	100. ABC